AF242544

LE GÉNÉRAL

DE BERTHIER

PAR

SAINT-RENÉ TAILLANDIER

Extrait du **MESSAGER DU MIDI**

MONTPELLIER

IMPRIMERIE TYPOGRAPHIQUE DE GRAS

M DCCC LXX

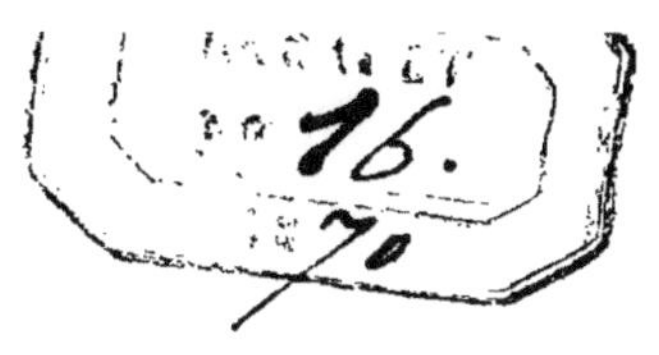

LE GÉNÉRAL

DE BERTHIER

Des parents, des amis, des compagnons d'armes, parmi lesquels on distinguait la martiale figure du maréchal Canrobert, accompagnaient récemment à sa dernière demeure un noble et vaillant chef, qui a laissé les meilleurs souvenirs partout où l'a conduit sa laborieuse carrière. En Espagne, en Afrique, au nord et au midi de la France, celui que nous pleurons s'est fait une place d'élite parmi les gens d'honneur. Aucune des villes qui l'ont vu à l'œuvre ne lui refuserait ce témoignage; mais c'est à Montpellier surtout qu'il appartient d'honorer sa mémoire. N'est-ce pas à Montpellier qu'il a obtenu son grade de général? N'est-ce pas par le commandement de l'Hérault qu'il a couronné sa vie militaire? Je suis bien sûr de répondre à un sentiment public en rapelant ici à grands traits les services du général de Berthier.

Louis-George de Berthier de Grandry, issu d'une noble et ancienne famille de Bourgogne, est né le 10 mars 1796 dans nos colonies des Antilles, à Fort-Royal, chef-lieu de la Martinique. Après de brillantes études classiques, il entra, le 5 janvier 1814, à l'École impériale de Saint-Cyr, et, six mois plus tard, s'étant placé au premier rang par son intelligence comme par sa résolution, il en sortait sous-lieutenant au 26e de ligne.

L'Empire venait de succomber après les prodiges de la campagne de France; c'est l'année suivante, pendant les Cent Jours, que le jeune sous-lieutenant vit le feu pour la première fois. Une partie de son régiment avait été envoyée à la forteresse de l'île d'Aix. On sait l'importance de ce point militaire. L'île d'Aix, habitée par quelques centaines de pêcheurs, n'a pas plus d'un kilomètre de long sur cinq cents mètres de large; mais sa situation est admirable : cette jetée naturelle couvre l'embouchure de la Charente, et ses batteries sont l'avant-poste des fortifications de Rochefort.

Après le retour de l'île d'Elbe, quand l'Europe répondit par une coalition nouvelle à cette audacieuse entreprise, les Anglais firent le blocus de l'île d'Aix avec trente bâtiments de guerre et dix mille hommes de débarquement. Les armes de la France étaient occupées dans le Nord; il fallut qu'une poignée d'hommes défendît ce point des frontières de l'ouest contre une flotte et une armée. La garnison fit vaillamment son devoir. Obligée toutefois de céder à des forces écrasantes, elle accepta une capitulation qui laissait le drapeau sans tache; officiers et soldats pouvaient rentrer en France la tête haute. Ces luttes inégales sont une sûre occasion d'apprécier le vrai courage. C'est pendant ce siége de l'île d'Aix par une armée anglaise que le jeune de Berthier, âgé de dix-neuf ans, conquit son grade de lieutenant sous le feu de l'ennemi, quelques jours avant Waterloo (9 juin 1815).

Les vicissitudes politiques de ces douloureuses années ne pouvaient briser une carrière qui s'annonçait si bien. Mis d'abord à la demi-solde par le gouvernement de la Restauration, le jeune lieutenant de l'île d'Aix fut rappelé au service l'année suivante. Sept ans après, il était capitaine (19 février 1823) et prenait part à la guerre d'Espagne, dans le 4ᵉ corps d'armée, sous le commandement du maréchal Moncey. Les qualités dont il fit preuve alors, courage, énergie, ardeur entraînante, eurent occasion de se déployer avec plus d'éclat encore dans nos rudes campagnes contre Abd-el-Kader. Ceux qui ont suivi l'histoire de la guerre d'Afrique n'ont pas oublié les émouvantes péripéties de l'année 1835. Après la désastreuse journée de la Macta (28 juin), lorsque le maréchal Clauzel fut chargé de réparer les fautes du général de Trézel et du gouverneur général, le comte d'Erlon , il y eut toute une série de combats où l'honneur de la France fut noblement vengé. Il suffit de rappeler les luttes sanglantes dont la route de Mascara fut le théâtre et qui précédèrent la prise de Tlemcen. Du 25 novembre au 6 décembre, sur cette route de Mascara, dont chaque position était gardée par des forces redoutables, le capitaine de Berthier se fit remarquer parmi les plus braves. Quand les colonnes revinrent à Alger, il fut nommé chef de bataillon au 13ᵉ de ligne (31 décembre 1835).

Ainsi, à l'île d'Aix, en Espagne, en Algérie, M. de Berthier avait conquis l'épée à la main une série de grades qui lui marquaient sa place dans les rangs supérieurs de l'armée. Mais ce n'est pas seulement sur les champs de bataille que se révèle un officier d'élite. Accroître les ressources militaires du pays, organiser des services importants, créer des hommes, créer des forces, voilà aussi des actes où peuvent se déployer les qualités d'un chef. Ces épreuves n'ont pas manqué à M. de Berthier, et il en est toujours sorti avec de nouveaux titres. C'est après avoir organisé à Mézières un régiment de grenadiers d'élite pour le camp de Châlons qu'il fut nommé lieutenant-colonel au 54ᵉ de ligne (19 août 1842). Trois ans après, il commandait l'école normale de tir à Vincennes, et deux ans plus tard il était placé à la tête de l'un des meilleurs régiments de l'armée, ce noble 35ᵉ, qui soutient si bien depuis

un demi-siècle son juste renom de discipline et de
solidité. Il n'y a, certes, aucun sentiment de jalousie ;
il n'y a que des élans d'émulation fraternelle entre
les régiments de l'armée française : on sait pourtant
quel respect particulier inspirait le drapeau du 35ᵉ
de ligne, et ce n'était pas un médiocre honneur que
d'être appelé à maintenir ces viriles traditions.

De 1847 à 1852, dans ces heures sombres où
il s'agissait de contenir les passions populaires, le
colonel de Berthier fut constamment à la hauteur
des situations les plus graves et des devoirs les plus
difficiles. Sa prudence égalait sa vigueur ; étant de
ceux qui aiment mieux prévenir le mal que de le
réprimer, il sut protéger l'ordre sans que l'humanité
eut à souffrir. Le 3 janvier 1852, il fut nommé général de brigade et chargé de commander le dépar-
tement de l'Hérault. C'est à ce poste, c'est dans cette
ville de Montpellier, où chacun appréciait son cœur
et son esprit, que le brave général acheva sa carrière militaire. Il était toujours jeune, toujours plein
de zèle, plein de feu, quand l'âge et la loi, au mois
de mars 1858, le condamnèrent à la retraite.

Faut-il peindre l'homme après avoir raconté les
services du soldat ? Les deux traits distinctifs de sa
physionomie morale, c'était la bonté d'abord, puis
l'amour des lettres. Il était bon, de cette bonté cor-
diale et presque naïve qui est si touchante chez les
hommes d'épée. On ne saurait imaginer une nature
plus sympathique, un cœur plus chaud, plus expan-

sif, plus heureux de s'associer au bonheur et au succès d'autrui. En toute question d'intérêt général, en tout ce qui concernait la gloire et la prospérité de la France, la vivacité de ses sentiments s'est traduite jusqu'au dernier jour par des explosions juvéniles ; s'il s'agissait seulement de lui-même, quelle modestie ! quelle disposition à s'effacer ! De là, ce mélange d'ardeur et de simplicité qui rendait sa conversation si attrayante et son commerce si doux.

Esprit amoureux des lettres, il avait un penchant particulier pour les poëtes, pour les poëtes de l'antiquité aussi bien que pour les nôtres, pour Virgile et Horace comme pour Corneille et Molière. Il fallait l'entendre réciter un chant de *l'Enéide* ou un acte du *Misanthrope.* Nourri de telles études et éclairé par l'expérience, son goût était singulièrement juste. On ne causait pas avec lui (et je pourrais appeler ici en témoignage des esprits initiés à toutes les finesses de la culture littéraire et morale), on ne causait pas avec lui des productions contemporaines sans recueillir des idées nouvelles, des aperçus ingénieux et pénétrants. Enfin ses amis ne me pardonneraient pas d'omettre un des traits les plus charmants de ce sérieux esprit, la gaîté, une gaîté saine, j'allais dire enfantine, et vraiment communicative. Combien de fois, pour ma part, ai-je répété en le quittant : « Il n'est rien de plus aimable que la gaîté des natures graves, comme il n'est rien de plus doux que la douceur des forts » !

Nous n'avons voulu tracer ici qu'un simple mé-
daillon du général de Berthier ; sa modestie ne nous
eût pas permis davantage, et n'est-ce pas encore
l'honorer que de nous conformer à ses scrupules ?
Puissent du moins ces paroles, trop faibles au gré de
notre amitié, rappeler à sa digne compagne, à son
fils, à ses filles, à ses gendres, combien cette physionomie aimée est et restera vivante dans le souvenir
de ceux qui l'ont connue ! Une vie plus haute, selon
notre foi, réserve des récompenses à ceux qui ont
loyalement accompli leur tâche ici-bas ; le souvenir
pieux, l'amitié fidèle, sont aussi des ressources que
Dieu a données à l'homme dès cette vie périssable,
pour l'aider à triompher de la mort.

Montpellier, imprimerie Gras. — 14422